U0641551

图解 **精益制造** *041*

工厂改善的 101个要点

储かるメーカー改善の急所＜101項＞

［日］柿内幸夫 著

柳小花 译

人民东方出版传媒
People's Oriental Publishing & Media
东方出版社
The Oriental Press

目录

三、结构改善的基本

四、操作改善的基本

五、设备改善的基本

六、强大的制造

七、将来的制造经营

前言

　　我曾作为改善咨询顾问从事指导全日本工厂生产现场的工作 20 多年。本书旨在为日本企业，特别是制造生产企业能够蓬勃发展而著。本书凝结了我所积累的改善技巧，我对其中特别重要的 101 个实际业务项目进行了压缩。

　　所谓"改善"，不是仅仅提高工作效率的想法或创造利润的合理化对策，而是为改变公司整体方向或改变公司性质的"想法或思想"行为。

　　如果好的观点、好的想法能够根深蒂固，行动就会发生改变。智慧、想法也会不断涌现，并被付诸行动。公司、工厂的经营也一定会顺利。公司职员们会笑逐颜开，收益也会大幅度提高。本书所列举的改善技巧皆是原理、原则性事项，无论被应用在何处，无论由谁来执行，都能获得相同的效果。

需要注意的一点是，改善要是全公司上下的集体行动。因为要改变公司性质，所以不仅仅是生产现场的员工，包括社长、经营阶层在内，全体员工的集体行动比什么都重要。以具体形式固化员工的智慧和想法，将其运用于生产改革或经营革新，这才是"改善行动"。

这个时候重要的是作为中心轴的想法及目标。即使是同样的话语，理解不同，行动也将参差不齐。本书的目标是，上到经营层、下到现场作业员，使他们对现场改善形成统一想法，以此为中心，全公司上下能够更加容易地推进改善行动。

在内容展开上，从第一章开始，不断拓展加深，最后第七章以"将来的制造经营"结尾，对将来进行展望。

第一章内容是针对公司刚入职的年轻作业员、兼职打工人员等，希望他们首先记住的基本中的基本知识。工作监督者、经理等指导年轻员工，在工作上起率先垂范作用的人们，可以参考实践"操作改善的基本""结构改善的基本"等章节；工厂长、经营阶层的人们可以参考实践"强大的制造""将来的制造经营"等章节。这是笔者的内容规划。

请以本书为中轴，结合本公司实际去实践改善活动。改善有时候需要时间，很多时候成效不能立竿见影。但是，在读完本书的基础上实施改善的话，中途不会迷失方向。

本书尝试以可随时携带的手册形式呈现，并使解释尽量简单易懂，使其能够成为读者日常改善活动的参考书。并且为使读者能够将各自发现的点记录下来而煞费苦心。

期待本书能够在更多的工厂中被运用，并为日本强大的制造经营贡献出绵薄之力。

改善咨询顾问　柿内幸夫

一、制造「基本的基本」

工厂中所进行的所有活动都是为了满足顾客的需求。

在工厂中，为了能够制造出大量的零部件、产品，改善功能、品质，提高性能及生产率，而采用各种各样的方法。

无论是哪种方法，在制造当中都非常重要，但绝对不能忘记的是"工厂中所进行的所有活动都是为了满足顾客的需求"。

有人说"我们公司是分包"，有人说"我们生产的是零部件"等。但不管是交货方的对方，还是对方的对方，都有一个是顾客。订单是来自活生生的顾客的。

削减、组合、搬运不是工作；扫除、清洁、收拾不是工作；提高性能、精度虽是很让人称赞的事情，但也绝不是工作。

所有这些工作都是为了将产品交给交易方或者顾客而进行的部分性活动。

"现在为什么在工作？""为什么在做这件事情？"……现在做的事情肯定是出于某种理由、某种目的而做的。如果不养成思考的习惯，就会认为眼前的事情便是全部，只考虑工作的简单程度。

教授或学习如何工作也是为了向顾客提供优良的产品，完美地记住工作程序不是目的。

认真思考如何将好的产品交给顾客的话，会发现现在做的有些工作是不需要的，或者可能再花点功夫便能生产出更好的产品。如果工作改善却给顾客造成不利，那么改善就毫无意义。因此，不要只看到自己的手头工作，总揽全局非常重要。

完成一个产品，制造的工程越多的越复杂，就需要越多的作业者参与，也需要花费越多的时间来完成。

动员所有力量做公司能够做到的事情，让顾客满意地收到所订购的产品，这才是工作。如果没有团队合作，这是绝对不能完成的。

所谓改善，就是全公司提高综合能力的活动。

[亟待改善要点 2] 基本的重要性

要彻底明白基本中的基本。

工厂所使用工具的电动化、自动化程度在不断提升。即使是坚硬的螺丝，如果使用电动工具，没有力气的人也能够简单地拧紧或松动它，这大大地提高了生产率。

但是工具的操作方式中有个基本知识，这个基点是手动工具。在拧紧螺丝、钉子的时候，要选择大小合适的螺丝刀、扳手，力气正好与螺丝、钉子成直角。不这样的话会滑丝，而不仅会使螺丝、钉子不能用，有时候还会损坏设备。

很多时候由于作业员不懂得这些基本知识，使用设备时只是学别人的样子，导致新买的设备在短时间内出现故障或损坏。工作中无论什么都有个道理，不懂得基本知识的话，就无法达到熟练操作的程度。彻底明白基本知识十分重要。

[亟待改善要点 3] 动作经济四原则之一——距离

缩短距离。

高生产率的制造必须"缩短距离"。

将必要物品放在手边。不管是材料还是工具，远距离放置的话，就必须特意挪动，这白白花费时间和体力。让工作人员尽量在不移动范围内操作的布局才是理想的。

工序间的距离也要尽可能缩短。有距离就要花费相应的搬运时间和体力。无论是人还是物，移动距离能够缩短的话，效率也能相应地提高。

物资的放置场所和放置方式、机器的布置、工具的收纳方式、搬运工具……现在的状态真的是最短距离吗？因为有宽敞的空间，所以想宽敞地使用，这在自己家的话是个人自由，但在工作现场是被禁止的。

缩短距离，这是动作经济四原则的原则之一。

同时使用双手。

观察一下操作就会发现，以轴为中心左右平衡、左右对称的动作既简单，平衡性又好，也容易掌握。

想象一下很多工厂每天早上举行的广播体操活动，虽然体操由多个连续动作构成，但是谁都能够较为容易地完成。为什么呢？这是因为广播体操的动作左右对称，既简单，平衡性又好。

人的身体是左右对称的，应该将这个构造充分地运用于制造当中。制造工具、布置物品、进行训练的时候都能够实现左右对称、两手同时生产附加价值的话，动作的数量会减半，动作有规律不会疲劳，失误也会减少。要想创造出这样的条件，经营者自不必说，还需要员工们一起想办法。

[亟待改善要点 5] 动作经济四原则之三——动作

减少动作数量。

在思考如何高效率操作、高效率行动的时候，"减少动作数量"是最容易被忘记的。一些不做也可以的动作，不是改善它，而应该消灭它。

转来转去寻找那些摆放毫无秩序的物品是没有意义、徒劳的动作，必须要杜绝。因为看不清楚要"凝视"，因为身边有烫的东西要"注意"，因为声音吵闹要"担心"，这些动作只会降低工作效率，本来就是不该有的。

要彻底清除这些没有意义的动作是非常麻烦的。实际上，努力工作的作业员本人最难发现问题，因此需要用第三方的眼睛观察作业员的动作，并加以改善。

轻松工作。

将物品放置在容易拿到的身边、能够左右对称地同时使用双手、减少多余的动作数量，之后会怎样呢？当然是作业员变得轻松。

无论操作工序能够制造出多优良的产品，如果必须以给身体造成负担为代价，产品品质将无法长久维持。操作是否舒适是很重要的检查点。

即使是相同的操作，工作越舒服、效率越高，品质也越好。这些都在情理当中，因此称之为原理。正因为是原理，所以无论是谁、无论在什么地方实践，都不会改变。关于动作经济的四原则，所有作业员自不必说，全公司上下都要充分理解，创造出符合这四原则的工作环境、设计布局，并加以维持。

　　最后希望经营者能够就姿势、照明等是否真正舒适再次进行确认。

一次拿到就不再放手。

所谓合理的制造是"绝不做制造所需动作之外的动作"。没有浪费，速度会相应地提高，错误也会减少。当然，成本和质量也会受到影响。

从小学习"分工工作"的我们，认为将工作分配给多人是正确的。而且，如果几人分工工作的话，看起来每个人的工作都有意义。可是，工作的大部分是取过来、放下，传递给下一个人，数一数，等待前面的人……

同样的事情由一人承担的时候，人们会尽量将物品放置在自己的手边，不需要移动，舒服地工作。不会将手上的东西故意反复拿过来放下，会以最短的距离完成制造。搬运、库存、管理，所有都不需要。在这里"单元生产"的想法出现了。

[亟待改善要点 8] 生产率的提高方式

用手，不能动脚。

工厂是否生产率较高，一眼就能分辨出来。作业员来回徒劳移动的话，生产率肯定很低。

动脚基本上是不会提高附加价值的。因为使用脚就是在移动或搬运，这些都与制造毫无关系。

工厂里，有时候站着工作，有时候坐着工作。但无论是哪种情况，原则上 "要使作业员的移动最小化"。如果作业员不得不移动的话，这说明工具、设备、工作场地等布置、布局不合理。而且移动时手也会停止。

假设一步损失一日元。如果一小时中，有 50 个作业员必须移动 100 步的话，一年中就会产生一千万日元的重大损失。

不要吻合，要贴合。

如果狭窄的停车场中没有车轮挡轮器的话会怎么样呢？车感不是相当好的人，要想不撞到后面的墙壁、不碰到车，需要慢慢地多次确认才能停好车。

车轮挡轮器是智慧的产物，它"啪"的一声与轮胎贴合，让人瞬间明白是"刚刚好的停车位置"。不是谨慎的无数次吻合，而是贴合，这样谁都能简单地获取最合适的位置。

工厂中多次进行的工序转换，很多时候是凭借专家技术将磨具、零件进行吻合。如果像停车一样，形成能够马上知道刚刚好位置的"贴合"机制，就不需要吻合的时间了，这样无论是谁都能正确完成。最终，能够大幅度缩减程序转换所需的时间。

[亟待改善要点 10] 重复性工作的事前准备

重复性工作方能彰显智慧水平。

实际上大多数工作都是"重复性工作"。即使有从 A 形式转换为 B 形式的操作，如果是再次相同的操作，只需做同样的事情即可。

因为在操作前已经知道所需物品，所以应该提前准备好并放置到附近。如果在工序转换中，有作业员寻找东西或来回移动情况的话，表明没有完成重复性工作所需做的学习、准备、程序化。

为了使工序转换时间缩短哪怕是一分、一秒，要思考建立不再来回移动的机制。例如，准备一辆自己公司独创的"工序手推车"，不仅装载上要安装的模具、安装所必需的工具，还要留有放置拆卸模具的空间，以及装载上其他所有能方便使用的物品。

　　只要将工序手推车放到身边，所有物品就都备齐了。

重复性工作方能彰显工厂生产的智慧水平。

[亟待改善要点 11] 训练的重要性

比起学习，要习惯工作。

简单的工作自不必说，包括更为复杂的工作，公司中所有的工作都是"与学习比起来习惯更重要"。但我不知道好多公司是不是知道这一点，还是只能认为他们忽视了。

有些工作单靠头脑记忆无法顺利开展。因为如果只是一些理论道理，是无法运用到实践当中的。理论只有通过活动身体，不断训练而形成"习惯"，才能发挥作用。

要对工作进行彻底训练，直到习惯为止。即使是通过正确程序生产的产品，也可能会有不良品。出现不良品、索赔问题时，应先毫不迟疑地奔赴现场，然后再寻找分析原因，因为奔赴现场是"比起学习习惯"更重要的体现。虽然不同立场、不同岗位该做之事不同，但习惯了理论道理后就能发挥作用这一点不能忘记。

浪费有七种，但最应该注意的是过量生产所带来的浪费。

要想进行高效率的制造必须减少浪费。大体上来说浪费有七种，将其归类后能更容易着手改善。

具体来说是"过量生产的浪费"、"等待的浪费"、"搬运的浪费"、"加工本身的浪费"、"库存的浪费"、"动作的浪费"、"生产不良品的浪费"这七种。

"生产不良品的浪费"自不必说，特别应该注意的是"过量生产的浪费"。因为很多工厂没有注意到这种浪费的危险性。

提前大量集中生产的话，库存会增加、管理会增加、搬运会增加、工作量会增加，而且资金会减少。即使拥有库存能够使作业员感到安全和满足，但它对经营毫无益处，是罪恶深重的浪费，这一点必须明白。

二、现场改善的基本

对有损于安全以及给客户带来不利的改善，绝对不能做。

公司员工们一起提出改善方案，一起推进改善活动的话，就会涌现出很多诸如"这样做会变得轻松"或"这样做不费功夫"等想法。

工作即使舒服一点点，也会非常令人高兴。工作舒适的话，生产速度会提高，产品质量会稳定，并能得到不断优化。工时减少的话，成本降低，作业员也不会累……全都是好处。

但是，如果缩减工时会给作业员的安全带来损害，则另当别论。万一引发事故，可能会颠覆作业员和公司的未来。在所有事项中，安全是被优先考虑的第一条件。包括产品质量、交货时间等在内，给顾客带来任何不利影响的话，也不能称之为改善。

只有必需品的工作场所称之为干净的工作场所。

区分需要和不需要很困难。对某个人来说是需要的物品，对其他人来说可能是不需要的。

家庭内部物品按照喜好来区分就好了，但在工作场所要有明确的标准。正确的标准是"马上使用的物品 = 需要的物品"，"不是马上需要的物品 = 不需要的物品"。对照这一标准，就能够较为容易地坚决进行整理整顿。判断不是以人为中心，而是以物为中心，这样才不会出现错乱。

可是，"马上"这个词也有时间幅度。刚开始进行改善的公司大约是"一个月以内"，已经在推进改善的公司也有缩短到"当天使用的物品"。从制造到交货需要一年

以上的公司与处理生鲜产品的公司，对"马上"的界定标
准是不同的。但无论是哪种，除了马上使用的物品，其他
什么都没有的工作场所是干净的，无论谁都感觉到清爽干
净，易于使用。

理想的整理整顿状态是一下子能够取出所需物品的状态。

　　5S 中有整理、整顿，但行业、营业状况及公司不同，标准也各不相同。工厂中理想的整理整顿状态有一个标准，这个标准就是一下子能够取出所需物品的状态。

　　人们在自己家中，也会收起一些平常不用的物品，也会有一些不能扔掉的。外观干净很重要，所以最为普遍的做法是将各种各样的东西塞到衣柜、壁橱里。这是个人自由，按照喜好来做即可。

　　但是，工厂与自家不同，即使将物品放到架子或文件柜里，也不能有收纳的柜门或遮盖。没有门的话，就不用有打开的动作，能够一下子取出来。就像自家与工厂的干净标准不同一样，整理整顿的理想状态也不同。本来不需要的东西就不该存在，重点是将需要的东西放置在便于使用的地方。

自信地迎接客人的水平称为清扫到位的清洁状态。

让每个公司烦恼的清扫、清洁水平各不相同。有的工厂将柜子擦得像镜子一样闪闪发亮，有的机械制造商只大体上用扫帚清扫一下。行业不同，所要求的清洁程度也有很大不同。所以从常识上来说，金属加工工厂的标准是不需要与药品制造商相同的。所以有相当多的工厂为将清扫清洁基准定为何种程度而烦恼。

但实际上标准很简单。在工厂中招待自己的客户或潜在客户时，能够自信地迎接客人的水平就是清扫到位的清洁状态的标准值。

客户如果看到工厂的状况，觉得"好脏呀……"，就很难提出订单，还有可能会杀价购买。为了避免此类事情的发生，将工作场所维持在清扫到位的清洁状态吧。

不要将物品堆积到高于视线的位置。

　　有相当多的工厂将东西胡乱地堆积在高处，可能觉得这是充分利用狭窄空间的技巧吧。但是为了安全和效率，在工厂或办公室当中，不要将物品堆积到高于视线的位置。

　　如果堆积的位置比视线高，自然就会比人的身高高。人既不能看到上面的情况，而且物品一旦倒下又会压到人。即使是移动也很危险，用货物搬卸车也看不到前方，最终只能分开搬运。在办公室里，如果东西堆积得高于视线，坐着相互之间无法看到脸面，也会造成沟通不畅。

　　本来，东西堆积在高处表明有库存或零部件、在制品、书籍等某样东西处于滞留状态。所以应该考虑这其中所隐藏的问题。

不要数，要摆成形状看。

在现场观察一下工作状况，会频繁看到清点数量的场面。发货之前数量有出入了，或者两三个人清点几次做最后的确认是常有的事情。

人类并不擅长数数。数字少的话倒还好说，但如果是正确地数十以上的数字，就变得非常困难了。

假设需要 10 个零部件，如果准备一个十格箱子，那既不会数成九个也不会数成十一个。如果堆放箱子也按照规定的放置方法和顺序，只看形状就能知道数量。

本来，数数就是因为不知道生产了多少及生产出来的数量是否有误差，两种情况之一。作为标准的材料数量，与最终数量一致的话，即使不用数也可以，而且最终通过形状确认即可。

[亟待改善要点 19] 材料的采购方式

不要批量购买，只买需要的东西。

假设让小孩子作为小帮手"去买一盒 100 日元的抽纸"，孩子如果认为"100 盒批量购买的话，一盒五十日元，赚到了"，拿了个很大的箱子回来的话，他会受到表扬吧。

确实，纸总会有用完的时候。但目前并不需要如此大的量。既不容易找到存放的地方，纸也有可能因受潮而变质。如果量大的话，使用不完就很浪费，可能出资 100 日元就可以解决的问题会膨胀到五千日元。

作为个人，这是谁都能理解的简单事情，但换作公司，却不知道为什么对廉价物品就失去了判断力。买进的不需要的物品在现场堆积如山的话，不仅需要进行搬运、管理，会产生浪费及废弃，还会减少公司的现金流量。

不能被表面的成本降低所蒙蔽。廉价地购入现在所需要的物品是最有效、不会产生浪费的采购方式。

[亟待改善要点 20] 在工厂中行走时的观察角度

要视螺丝为天敌。

工厂中的地板是产品质量和安全的晴雨表。确保通道畅通，物品不外突的话冲撞事件就不会发生，而且垃圾、物品不掉落的话，质量问题也不会发生。

在工厂中，最不能掉落的是螺丝、螺母。无论是安装在产品中的螺丝松动了，还是因作业员忘记拧紧螺丝而掉落到地板上了，抑或是设备机器搬运工具等发生部分故障而脱落了，不管是哪种情况，螺丝掉落这一事实就意味着大问题出现了。

不能小瞧一枚小小的螺丝。看到螺丝之后，要视它为天敌，彻底查明原因。如果是食品工厂，掺入的一片金属碎片也会发生影响公司存亡的事件。东西掉落到地板上时，打扫固然重要，思考掉落的原因更为重要。

腰杆挺直了吗？

　　专业与业余的区别在于挺腰的方式。武士道自不用说，即使是体育运动，腰挺不直的话既无法练习好，也不能战胜对手。制造也是完全相同的。在生产现场观察一下作业员，无论他在做什么样的工作，从背后姿势就能马上判断出他的熟练程度。

　　一流的作业员无论做什么样的动作都必定会挺直腰板。即使是拧螺丝、切飞边这些细小的操作，熟练的人绝不会只用手来操作，他们会挺直着腰板工作。

　　不挺直腰板的话，不仅会格外劳累，用力方式也会很奇怪。通过提高工作熟练度挺直腰杆是最好的，同时创造

人人都能够挺直腰板的工作环境也很重要，比如采用双脚
能够用力踩住的操作台等。

先后顺序是安全第一、质量第二、生产周期和成本第三。

以安全第一为口号的工厂中，熟练的作业员却做着危险的工作。优先生产周期，飞速地检查产品发货。未决定先后顺序的公司，每次在判断上都会犹豫不决，这既可能引发事故，还会延迟整体改善活动。

安全和质量是经营的最大前提。工伤或事故一旦发生就为时已晚了，安全是所有事情中最应该被优先考虑的。质量如果下降的话，无论生产速度有多快、成本有多低，都会增加不良品、退货，降低信用，无法获得收益。

在保证安全和质量的前提下，维持双方现有水平或优化，在此基础上降低生产周期、成本是非常困难的，但这是不能逃避的。

[亟待改善要点 23] 交流的获取方式

在现场现物面前大声交流。

人类甚至不知道自己知道什么，更不知道别人知道什么。如果一味地觉得"他应该知道这件事情吧"，就会产生错误、混乱。

无论什么样的产品，仅靠一人是生产不出来的，很多人参与后才能完成。因此，"在现场现物面前大声交流"非常重要。我们将"现场、现物、现实"称之为三现主义。

现场，在产品面前边指点、触摸，边谈话交流的话，不但模糊点会被消除，误会、误解也会被消灭。

而且，在现场认真交谈时，不知不觉中会产生令人吃惊的意见。以三现主义形式来交流是一种原则，也是生产想法的原动力。

改变公司的不是那些了不起的改善，而是谁都能执行的简单、可以模仿的改善。

在改善中非常重要的一点是"付诸实践"。

无论改善多简单都可以，即使是模仿也可以。最好要奖励模仿，不断表扬付诸实践的人。因为如果大家都能将模仿付诸实践的话，改善会在瞬间扩展，也能让全体作业员知道他们在公司变革中的作用，了解变革的方向性。

由全体员工来进行改善是非常重要的。拥有成就感的话，人人都能找到自己的位置，公司会在瞬间发生很大变化。

有的人认为既然进行了改善，就必须有效果，否则没有意义；也有的人认为改善必须是有独创性的，能够被认可的。如果认为改善是非常艰难的，或者让员工觉得非常艰难的话，首先应该做的是改善这些想法。

比起 100 个道理或者想法，在现场付诸实践一次会产生 100 倍的价值。

现场改善最大的敌人是评论家。世上有的人只满足于提出想法、夸夸其谈。没有付诸实践的理论或想法如同纸上谈兵一样没有任何作用。

世上很多事情如果不做就不会明白。没有成功先例的话，人们会惧怕失败。但事实上付诸行动的人要比只有想法而不付诸行动的人多 100 倍的价值。

在现场改善中真正需要的是智慧和身体力行。要毫不拖延地去实践所想到的改善方法，马上完成未完成的事情。

那么，如果失败了怎么办？那个时候只需回到原处即

可。然后在这个过程中产生智慧想法，继续前行。智慧就
是这样产生的。

改善所必需的是主动性的量、速度及持续性。

所谓改善，简单来说就是让事物变得更好。

如果改善方案少，变好的地方就会少；速度慢腾腾的话，不容易出效果；如果行动短暂，就会瞬间回归原处。所以改善需要量、速度及持续性。

即使是很小的改善方案，如果一个月实践 10 件，一年就有 120 件。如果 30 个人做，将会达到 3600 件。即使是不足挂齿的微小改善，通过庞大的积累，公司也会发生巨大变化。而且公司越强大，十年、二十年、三十年……改善越能持续下去。

公司是否具备全体员工主动提出改善方案的机制，是否具备主动马上实施的机制，是否具备主动持续下去的机制。强大的公司必须具备以上三点。

三、结构改善的基本

即使形式上也要尝试。将不可见的东西可视化。

正确地预测、掌握看不见的事情是很难的。但是，即使只是在形式上尝试一下，也会看到各种各样的事情。

在生产新产品的时候，容易发生各种问题。但比起着手之后的应对，最好事前尝试做一下，哪怕只是形式上的。如果是大的物件，用纸板箱连接起来，琢磨一下实际大小。重新布置设备时，也不要仅仅看图纸讨论，即使是报纸也好，在地板上铺设出与设备实物大小一样的模型。

只是姿态也罢，演绎一下操作时的动作。与制造相关的所有人对这些动作进行观察的话，必定能在事前发现需

要改善的地方，比如通道宽度、配置、放置场所等。如果
设备安装完成了再来修改的话，则需要花费较大的力气。
所以将不可见的东西可视化，效果会非常大。

将工厂内的所有位置赋予住址。

邮件或电话的量虽然多，但因为有特定的住址或号码，所以能够顺利地连接在一起。但是，如果线索是诸如"铃木先生"等普通名词，就会产生很大的混乱。

工厂里面有材料、零部件、工具等多种物品，但大多数情况是胡乱放置的。而且即使整齐地排列好了，也会被马上弄乱。这其中最大的原因是没有规定好放置的场所。

首先决定物品放置的位置，并在位置上命名地址。这样一来，即使是对今天刚刚来的打工者，只需说"3条2—4号的地方"，他也能找到。无论是打扫卫生还是更换电灯，只要有地址就能定位，而且能够马上找到不良品产生的地方。

[亟待改善要点 29] 推广活动的要领

给活动起一个原创性的名字。

制造，用眼能够看到，所以容易理解。但物品、操作虽然能够看到，流程、想法却是看不到的。所以，为了让别人知道，需要将其转化成语言。转化成语言之后，才能口口相传，活动才能推广下去。

丰田生产体系是被世界称赞的日本制造的改善、经营方法。其能够推广到世界，是因为背后有具体名称。例如，方法是"广告"、"自动化"，思想是"准时生产"等。

给改善活动起一个具有本公司特色的名字。一个原创性的名字，能够使抽象概念具体化，并被大家所认识而产生改变。

每个操作现场配备垃圾箱。

造成品质不好的原因有很多，其中有一个很愚蠢的原因，那就是挑选出来的不良品或产生的垃圾混入到了发货物品中。造成这种失误的最大原因在于，作业员的身边没有放置能够隔离不良品的红色箱子或垃圾箱。本打算之后再做处理，暂时放在了那个地方。

如果身边没有可以扔的地方，当然会想着之后再扔。不要把它认为是作业员的问题，而要全公司上下检查现场。结果肯定会出人意料，因为几乎每个操作现场都没有配备垃圾箱。

垃圾箱离得远，无论是收拾垃圾还是扫除垃圾都很麻烦。如果垃圾堆积在工厂，工厂会非常脏，也会降低产品质量。为了减少不良品，保持干净的环境，首先应该在每个操作现场配备垃圾箱。

区分好真正的亲眼所见与非亲眼所见。

能看到螺丝松落瞬间的人应该是不存在的。甚至连看到不良品被制造出来的瞬间也是非常难的。但是，有时候虽然实际上并未亲眼所见，但我们的举动却像对此非常了解一样。最终，对一目了然的事情却要么做出错误的判断，要么让解决变得复杂。首先要弄清楚是否是自己亲眼所见。

在持续出现不良品时，有时没有对情况做出正确判断就采取了对症疗法。这是因为不想用自己眼睛看，只想采取措施。实际上有时候非常容易解决的事情正是原因。

在管理中无法填补"看见"。但如果亲眼观察，就能够马上采取正确的应对方法。观察现场是应对问题的最好方法。

[亟待改善要点 32] 检查的方法

检查时要用不同的方法重复一次。

在工厂中，检查数值是否正确、量是否正确、品质是否正确的工作非常多。

在发货的时候，经常看到负责人为了验证数过的数量是否正确，谨慎地再数第二次，以保证数量吻合。第一次数的数量与第二次的数量吻合的话就 OK，如果第二次数的数量与第一次的数量不一致，就需要再数一次。

乍一看像是二次检查，但用相同的方法即使数两次，如果无法提高精确度，大多时候也是浪费。"重量和数量"、"剩余数量和完成数量"、"纸条数量和运转时间"等，不同质的东西组合在一起的话，即使一个人数也会既精确又快速。如同从纵向开始和从横向开始一样，需要考虑用不同的方法进行二次确认的检查方法。

[亟待改善要点 33] 找出看不见的问题的方法

问题只有一个看不到，但聚集在一起就会显现出来。

在公司中有很多浪费或需要改善的地方。但其中很多问题因为看不到，很多时候未被当作"问题"。

例如，假设有二十个作业员，对每个作业员的工作环境或使用的工具进行检查的话，不会发现问题。

但是，如果将二十个作业员的工具集合到一起，就会发现有多少人，有多少件只是偶而使用的高价工具。如果从使用频度和效率角度考虑，这样的工具有一件或两件就足够了。

如果想看到看不见的问题，就需要将它们集聚在一起。将现场的人或物品聚集到一起的话，问题就会显现出来。一个地方的库存即使很少，一集合就会堆积如山，设计、供给及经营的方法中的不妥之处就会显露出来。

[亟待改善要点 34] 更加充分地使用工厂

地面、墙壁都要使用。

如果长年待在工厂会认为工厂里的房屋空间都已被充分利用。但其实找一下会发现，能够利用却没有被利用的空间还有很多。

比如说地面、墙壁等，有很多工厂完全没有用过它们。不仅如此，甚至有的地面凹凸不平，墙壁伤痕累累。地面如果如此，生产率和质量就都无法保证，墙壁也因外观灰暗难看，而没有吸引新顾客的魅力。

有效地利用一下空间怎么样？对凹凸不平的地面马上进行修整，使搬运更为畅通，并在地面上描绘出搬运路线、避难路线等，提高它的功能性。还可以把墙壁作为屏幕，用投影仪显示生产状况及各种信息。

对有时间间隔的工作，要制作"回忆录"。

在食品行业，一年当中的传统活动有中元和岁暮。因为企业会在短时间内集中销售比较昂贵的商品，一般会被认为利润相当丰厚。但出人意料的是会出现生产率未得到提高，也未获取收益的情况。

主要原因在于"不习惯"。准备时很慌乱，总算习惯时又结束了，每次都如此重复。为了避免这种情况，需要将上次最佳的工作情况以简明的记录形式留存下来。

即使时隔半年还是要重复上次的工作。用照片、记录的形式，将工作的失败经验、成功经验做成"回忆录"留存下来，这样便能够再次使用上次的布置、人员配置，以最好的状态再次开展工作。人虽然能够记住每天或每周的事情，但过了三个月就会完全忘记。所以为了能马上回忆起最好的状态来，要将有时间间隔的工作做成"回忆录"。

[亟待改善要点 36] 指示书的传达方式

工作指示书中的信息一定要以最终样式显示传达。

在制造中，设计图、组装图都非常重要。但是，组装什么，完成品将是什么颜色、什么形状等，简明地显示出最终样式更加重要。

虽然塑料模型的组装图也很重要，但只看说明书操作的话，有时候不能明白在制作哪个部分，致使操作无法顺利进行。但是，如果在纸箱上描绘出最终完成的样式，看一下图画或照片就能想象出整体图像来，即使没有说明书也能组装起来。

在每个工序中所传播的信息，应该以发货时的最终样式照片为主，显示出最终制作成什么，并配以部分性的细节图或指示。如果知道现在正在制作哪个部分，作业员会加深对工序整体的认识，也会涌现出各种各样的智慧想法。

[亟待改善要点 37] 后工序是顾客

比起倡导"后工序是顾客"一百次，不如实际观看后工序一次。

经常听到"顾客是上帝"、"后工序是顾客"的话语。但认真贯彻执行的工厂却非常少。这是因为作业员没有实际观看下一个工序——后工序。

焊接工序的人如果去后工序——涂漆工序实地观看一下，就会看到诸如焊接的油污残余给涂漆造成了多大麻烦的问题。涂漆工序的人也去观看一下下一个组装工序，也能够看到诸如组装工序的人们在费力清除粘在螺丝面上的涂漆。如果亲眼实地观看一下下一个工序在做什么，马上就会想办法加以改善。

比起倡导"后工序是顾客"一百次，不如实际观看后工序一次。下一个，下下一个，下下下一个工序，最终将是真正的顾客，经营者的工作是让员工们认识到这是相互贯通的。

[亟待改善要点 38] 工序间的搬运方法

不要拿着去，要去取。

物体的移动方式中有"推压的方法"和"拉拽的方法"。前者是以自己的方便或时机拿着去的做法，用销售方式来说的话就是强卖。而拉拽的方法是以后工序的情况或时机，请他们拿过来的方法，可以说是按照订单生产的接单生产方式。

工厂所制造的所有产品，说到底都是卖得出去或被订购的产品。卖不出去的产品，即使生产出一个也是浪费。

去取的搬运，是在工厂内面向上层不断发送来自客户的订货信息的行动。制造必须在必要的时候按必要的量去取，否则工厂将不能赚钱。

为完成合理性制造及输送给客户，工序间的搬运是工厂内部所必需的实际业务。

将问题透明化时，问题将被解决 80%。

　　问题发生时，如果看不到实际状态，则犹如在黑暗中摸索，无法找出应对策略。如果能看清实际状态，则既能够汇集大家的想法，又能够采取具体的应对策略。

　　问题发生时，首先要将问题可视化，才能开始解决。如果不容易看到，可以将物体挪到容易看到的地方；如果速度较快，可以用超高速摄像机摄像后再慢慢观看。如果个体较小，可以用投影仪扩大。用观测器观看狭窄的地方，用 X 光线观看内部构造物，用通讯电路将远处物体可视化。以前不可能的事情，因技术进步也都能轻松实现。

　　如果能看到就能找到原因。找到原因就能汇集智慧。一次可视化，甚至能够将问题防患于未然。

[亟待改善要点 40] 制造操作的可视化

多品种少量生产的关键在于制造操作的可视化。

产品一直在生产着的话，就需要精心考虑工具、零部件的配置，以保证生产顺利进行。但如果制造的是三个月生产一次的少量品，很多工厂会出现边看设计图边工作的情况，完全像外行一样。

其原因在于未将"再一次生产"设为前提，未将制造操作可视化。即使在数年前生产过一次，如果产品相同，只要重复上次的做法就应该能够制造出来。因此，第一次生产时，哪怕花费时间也要找出"最好的做法"，做好记录并将其数据化。

制造容器以组装顺序摆放零部件，用照片记录工序，制造实物大小的桌布，追踪显示零部件位置等，可以将这些运用于下次生产。少量品的制造才真正体现制造实力。

四、操作改善的基本

不要说人手不足。要区分考虑人不足和手不足。

人不足和手不足是完全不同的问题。人不足是指不具备积累技术、技能时所需的能力。其原因在于懈怠于人才录用、培养、培训等准备工作。这是不可能被立即解决的事，需要经营团队的战略指挥。

但是，仔细观察一下忙碌着的人们工作的内容，很多时候是在做谁都能做的工作。划分工作、配备助手，让人能够专注、集中精力于专职的话，很多时候可以解决问题。

同样的道理，对于暂时性的增产，通过单位时间内增加派遣员工及其他部门的支援是可以解决人手不够这个问题的。但对那些恒常化的问题则要引起注意。日常的合作体制、改善活动固然重要，但如果人手经常不够，就必须更新生产计划，进行工序转换，着手于真正的改善，比如简易自动化及削减工序数量等。

教授全体员工能够独当一面地工作。

假设将人们聚集在一起制作千纸鹤，其中有人没有折过。假设折一张纸的每个工序都进行分工折纸鹤会怎么样呢？

分工工作的话，拿起纸折一下，然后放到旁边……这样拿起放下，换作其他的，拿到其他的地方……增加了多余的工作，而且速度有快有慢。如果前边人速度慢，后边的就要等待。所以，一个流水线上，纸鹤的折叠速度不会超过最慢的那个人的速度。

不可以分工来折纸鹤，可以先教授没有折过纸鹤的人如何折。这期间擅长的人也应该能折完几个了吧。现场管理岗位的工作不是管理，是教授、培训作业员如何工作。

[亟待改善要点 43] 工作的教授方法、学习方法

不要教授操作，教授如何工作。

有的人原本计划教授别人如何工作，但仔细一看发现他教授的只是操作顺序、动作、配置等。

教授操作顺序确实很重要。但是，为什么在操作，现在的操作正在制造产品的哪个部分，必须具备怎样的质量，并且通过操作该如何行动……为了能够自己思考自己行动，必须从真正意义上教授工作，否则将无法灵活运用，本人无法成长，技能也无法提高。

有的监督者被称作 OJT，只教授操作。大多是因为本人的工作能力较低。也有的人只学习操作，一概不学习如何工作。"为什么？""为了什么？"没有这些问题的人，只想学习如何记住操作。这其实是非常低级的水平。

包括教授方法在内，将工作系统化。

需要通过教育训练才能掌握的困难事情中，驾驶汽车是其中之一。眼、耳、手、脚并用，一个人迅速应对不断出现的变化，这需要很高的操作水平。

大多数人经过四十个小时左右的学习后，能大体上学会驾驶，获得国家许可证。这并不是因为学习的人有多优秀，而是因为教育、训练方法完备，形成了无论哪个教官都能教授的系统。

在工厂中很难找到比驾驶汽车更为困难的工作。年轻人无法继承经验丰富作业员的技术、技能让人叹息，其最大的原因在于谁都能够理解的教育、训练方法尚未创造出来。

技术是看后偷学的，工作是自己主动学习的，持有这种观点的人则另当别论。越是强大的企业，包括教授方法在内越会将工作系统化、高度化。

小工作用电脑，大工作用图纸。

越是大的项目，参与的人越多，准备和分配也越复杂，协同工作或与公司外部员工的合作也越多。

多人共同完成某一项目时，最重要的是"便览性"。自己到什么时间完成什么，交到哪儿去，其他人需要做什么，什么时候配合等，这些通过电脑画面掌握是非常困难的。

大项目要尽量准备一间专用的房间。将所有信息描绘到图纸上，从头到尾顺次张贴出来，发展情况一目了然，也能够知道修改、变更的经过，同事们也能够边看图纸边讨论。

而另一方面，每天的订货处理、统计、生产计划、盘

货等工作所需要的则是"正确性和合作性"。使用纸张、
电脑，既会让负责人混乱，也会使与其他工作的协调变得
更为困难。

伪专家是否在横行霸道？

　　所谓专家是指孜孜不倦地反复钻研某一难题，拥有谁都无法模仿的卓越技能。他们凭借"专家技能"能够发挥产品的技术性优势，完成让所有人都拍手称赞的工作，是企业应该珍重的真正人才。

　　需要注意的是，这虽然并非难事，但有时候由于在工厂内只有某个人可以完成某项工作，他本人和周围的人都误认为他是专家。那个人没有将自己的工作系统化，只凭动作表现很难让人明白。而且通过一人独揽工作，不让外人知晓以维持其现有地位。当然他也不会下功夫培养人才。

虽然很不可思议，但很多工厂却将这样的"罪人"误认为是专家。其实真正的专家是拥有连公司外部都高度评价的技能。

不要思考改善工作，要思考这个工作是否能够给公司带来利益。

有很多公司把现场改善理解成"工作改善"。理由是通过改善工作、提高效率，最终为公司经营做出贡献。

但是，希望公司认真思考一下这个工作真的是给公司带来利益的工作吗？或许出人意料的是其实并不需要那个工作，或者那个工作是由其他问题引发的。

例如，即使工序转换在顺利地进行，如果这是由于计划之外的突发性变更的话，也会出现其他问题。如果说是临时组装或调整还好听，但也可能是一次生产不出来品质良好的产品，技术水平低下的表现。

其中过账工作就是做无用功的典型。每次用 NC 机器输入信息，或办公室电脑旁边放置着记录本、计算器的话，最好把这一切当作是无法一次完成工作的问题表现。

所有人都能够无数次反复实践的称为标准化。

有很多工厂认为标准化就是制订工作流程或工作指南。

但是，真正的标准化是规定"所有人能够反复实践无数次"的做法。当然要考虑保证安全、维持产品质量，否则毫无意义。

所以，要想真正实现标准化，最重要的是能够让工作人员舒适地生产品质优良的产品。经营者、工厂长也能够做到高瞻远瞩，放心地将一切工作委任给员工。

只靠作业员来制订标准化是不可能的。工序流程，操作手册，还有使用的工具、设备，以及其他与工作有关的所有人要一起思考，共同出谋划策。否则制订出来的就只是操作指南。

实现标准化是领导的责任之一，制订好了将产生无比巨大的效果。

少数精锐从少数开始。从优秀的人开始选拔，实现精锐化。

少数精锐若从减少数量开始的话会很顺利。但是，从优秀的人开始依次选拔是少数化的关键。

几个人集合在一起后优劣互补是人的特性。10 个人的小组中，第一被提拔了的话，之前的第二就会成长为领导。相反，如果提拔了最不优秀的人，稍微好一点的人就会像不倒翁一样滑落。无论哪种方法，小组都会成为 9 人，但后一种方法降低了整体水平。

实现精锐化，需要鼓起勇气从优秀的人开始选拔。对被提拔的人委以更高水平的挑战性工作，剩下的人会认为

"下次是自己"，干劲儿也会提高。要想剔除没有能力的人或想从精锐化开始，必须知道人的特性、动力，否则将会变成乌合之众。

专门的管理人员的存在是现场运转不良的表现。

管理部门、管理人员的工作不是"管理"。他们的工作是为了实现最好的生产，查看物、人及设备的运转，进行调整、改善，尽可能实现零管理。

本来，实际生产是不断变化的，比起生产管理员工连夜制订的计划，现场用自己的独特方法反复尝试生产更加现实。品质管理也是如此，管理人员无论怎么统计不良品，品质也绝对不会优化。唯一的办法是在现场找到不良品出现的缘由，为生产出高质量的产品进行改良、改善。

管理人员不需要看数字，查看现场进行改善才是管理人员的工作。生产管理者、采购管理者、品质管理者……
在业绩优良、运转良好的工厂中是不存在毫无作用的管理
或管理人员的。

靠人海战术无法解决索赔。

　　索赔如同火灾一样，不发生是最好的。如果发生了，灭火是第一件要做的事情。向顾客道歉、送出替代产品、紧急修理等，无论是人海战术还是其他战术，都要刻不容缓地去应对。

　　但是，问题在后面。大多数索赔都是与产品质量相关的重大事情。要有吃一堑长一智的强烈意识，必须举全公司之力进行改善。生产自不必说，设计、采购、技术、管理，全部相关部门人员都必须亲临现场，在实物面前进行充分探讨，要下定决心不再让同样的事情发生，并提出具体的应对策略。

有很多公司将索赔交由营业部门处理，或归责于工作人员的不小心而提出严重警告。但是，要想解决索赔问题必须先解决机制的缺陷，靠人海战术是绝对不行的。

没有订单就没有生产。

很多工厂中，每天都生产着大量的产品。但是比起增产，更为困难的是如何应对生产量的减少。

最不能做的是因为觉得手头不能空，而生产出一些可以不生产的东西。生产浪费的话，不仅资金化为物品、造成不良品堆积在库，而且会遭受管理和废弃的双重压力。也不能为了让手头有工作可做，降低生产速度而慢慢地生产。

没有订单就没有生产。所以减少生产量说明订单减少了。应该做的是让手头没有工作的人去争取订单，以及不断训练以为下次订单生产出比现在更好的产品。工序转换的训练，多能工化的训练及设备的改善等，应该做的事情堆积如山。

五、设备改善的基本

生产线缩短了、产品质量会提高、成本会下降。

有的工厂用长滚桶设备强硬地连接相隔远的工序；有的工厂使生产线蜿蜒扭曲以连接到奇怪位置的设备；有的工厂特意使用搬运工具搬运，即使距离很近。

这样做的原因虽然各种各样，但根本原因在于优先考虑的是设备的设置，之后才考虑工序间的连接。不是将工序、设备当作个体来考虑，而是要从工序整体来考虑，包括各个工序之间的连接，最理想的是尽可能以直线短距离进行布局。

生产线越短、管理维修越容易，工作人员的移动也会减少。对照明、搬运、空调、空间等所有方面都有利。所以不要认为设备安置好即不可动。生产线如果能缩短、简化，质量必会提高，成本必会下降。

在机器或设备上标示能够确认工序的序号和流程布局的序号。

工厂中的每个设备、机器上都会被标上各种各样的信息。例如研磨或焊接等"工序名称"，机器序号或购买年月日等信息。

这些信息可能是必需的。但是，最应该标示出来的最重要的信息是"能够确认工序的序号和流程布局的序号标示"。

如果全部有 8 个工序，按照工序顺序从 1/8 到 8/8 添加号码牌，机器的布局如果是按照序号自然连接，一眼就能识别出来"连着号"。相反如果序号中断，证明流程也中断了，其中肯定掺入了无用之举。

如果将工序用号码标示出来，那么谁都能立刻明白生产在以什么样的顺序进行，而且也能立刻知道问题首先出在哪里。

实现生产信息传达数据化。

在很多工厂生产现场的白板上都会写着生产计划，或者在每个工序上张贴着指示书。但是，这仅仅是生产现场的行为呢，还是数据支援员工而添加的行为呢，这两者有很大的差异。

之前生产过的产品，如果像第一次生产那样，工作缓慢，证明没有实现数据化。如果作业员"全部记在头脑当中"则另当别论。材料、零部件、操作方法等，与制造相关的信息如果未实现数据化，每次都是根据经验或悟性模糊地进行制造。

如同追求物的流通一样，数据化能使在订单进来时，将生产量、交货期、零部件材料及生产方式等，从数据库中毫不迟疑地传达给相关人员。特别是要谋求与外界的合作时，数据化是必需的。

制造只能以全部工序当中最慢的工序速度进行。

有很多工厂为了提高生产率，各工序的负责人不辞劳苦、夜以继日地实施改善。但是，如果想真正提高生产率，要将精力集中于全工序中生产速度最慢的那个工序，全体员工一起凝结智慧进行改善。因为制造只能以生产速度最慢的工序的速度来进行。

如果有个工序一天只能制造 50 个，其他工序即使有一天生产 1000 个的能力，也只能暂停机器。就如瓶颈一样，如果不消除引发停工的最慢部分，整体的生产率绝对无法提高。

要想发现这个问题，不能只看某一部分，要来回巡察全部工序，掌握正确的实际生产量。

[亟待改善要点 57] 对引进系统的看法

如果工序间的流通未创造出来，引进系统反而必须进行管理，且会增加库存。

有很多公司认为系统是万能的，妄想通过引进系统提高生产率。但是，引进系统可能会造成管理人员增加、库存增加，甚至贷款增加。完全拖经营后腿的例子也不在少数。

系统擅长的是高速执行特定的操作。如果操作固定成型，那么它能够发挥卓越能力。但如果系统缺乏应变性，与其他操作合作或高频率变更，它的笨拙一面就会显现出来。

制造当中有很多复杂的工序。如果未能实现最低限度的工序间的流通，引进系统还会造成中间库存堆积在连接部分。减少工序数量，实现即使没有中间库存，工序也能相互连接地流通之后，引进的系统才能发挥作用。

[亟待改善要点 58] 流水设备的内制化

没有销售流水生产设备的。

设备生产商所销售的机器基本上是单一功能的。车床机、研磨机、压力机、喷漆机等，由各种各样的专门生产商销售。但是，只销售能够在所有工厂中使用的通用机。

因此，要想进行流水生产，需要自己来连接通用机与通用机之间的部分。不是按照机种类别排列，而是按工序顺序，形成依次排列的"流程布局"，要由自己公司制造、连接各个工序的装置。仅用于连接的简单专用机器还是能够制造出来的，而且会让生产率和生产周期更上一层楼，从而形成自己独特的强大制造。

假设市面上有销售适合自己公司的流水生产设备的，

要么就是费用不可估量的全自动设备，要么就是使自己的
制造水平与他人一样，两者之一。

[亟待改善要点 59] 利用重力

材料在上，产品在下。

制造当中，从原材料开始加工程度越高，谨慎程度也要求越高。这从最终发货时要装瓶或装箱，以及将打包的商品装满货车搬运的情形来看可以一目了然。

处理起来最简单的就是材料。如果是多层工厂的话，一定要将材料搬运到最上面的楼层，按照工序依次往下面的楼层摆放。从上往下移动的话，能够利用重力不费功夫地搬运。

有的工厂以材料的入库时间为基准，每个工序从下往上依次搬运。但把物品搬到上面，使用电梯等工具费心搬运的话，只会增加成本和劳动力。

即使是一层的工厂，也要将材料放到最高的位置。并且，往货车上装货的时候，通过利用坡度也能够节省大量人力。

不要用人力，要使用动力搬运。

即使是仅 500 克的东西，一天当中多次不断拿上拿下的话也需要很大体力。而另一方面，即使是一吨的重量，用手推车在轨道上滑行的话也能够轻而易举地让它移动。

很多工厂应该知道这些自然法则，却特意用人力搬运，在搬上搬下过程中花费体力。也有很多工厂使用叉车等机器。可是工厂内部的搬运是前工序到后工序的横向移动，基本上可以滑行过去。

进一步讲，有坡度的话，什么都不做也能够让物体移动。传运给后工序时，有坡度的话可以不使用动力自动搬运。即使没有坡度，也可以利用产品的重量让它移动。搬运物体不会使附加价值增加一日元，所以要尽力不使用人力。

电灯，与其关掉不如让它自然熄灭。

为减少浪费、节约电费，很多工厂或缩短照明时间，或白天熄灯。

当然无论是电还是水，如果能免费使用则另当别论。当人有意识地去努力减少浪费、降低成本时，要想达到某一特定要求之上，肯定会导致品质劣化，事故发生。

因无数次被提醒"别忘记关灯"，介怀于关灯而疏忽工作，或者专门设立监督员检查电灯是否已关掉。工厂里较暗楼道的电灯，被设置成人通过之后熄灭，因没有发现有人，熄灯后引发事故。

现在感应装置很便宜。可以通过感应人的活动自动开灯、关灯。确实效果很好，它的优势是不被强制规定自然而然地实现开关灯。

工厂里的门有必要有防盗、防噪声、安全、卫生、节能、保温、符合法律要求等这么多功能吗？

有的工厂门特别多。首先是出入口的门，然后是机器的门、走廊的门、资料收纳柜的门、办公室的门、厕所的门、仓库的门等。无论做什么、无论去哪里，都必须开关门。

当然，有门就必须打开、关闭。除了绝对必要之外，门的理想数量是零。工厂应该在安装之前考虑好是否真正需要这些门。

门除了要防盗、防噪声、安全、卫生、节能、保温、符合法律要求等外，从外观上来说，其实并没有必要。

原本对左撇子的人来说拧紧、打开门的拉手就很难打开，两手被占满的话也无法打开。比如电车中连接各个车厢地方的门真的需要吗？

会调整设备才能独当一面。使设备内制化，实现独一无二。

无论什么样的工作，被称为专家的人肯定会调整、改造自己使用的工具，有时候还会自己制造工具。直接使用买进的工具的话，是业余者的水平。

不会调整的话，可以首先从维修开始。从日常检查、加油初级阶段开始，到进一步的维修，再到哪怕只是一小部分的分解大修。最初即使请专家帮忙，也要仔细观察、研究专家的操作，直至学会。

慢慢地提高实力，将设备调整为适合自己的最佳状态，这样既能够独当一面，也能够便宜、快速地制造出独一无二的产品。

最终，如果自己能够将设备内制化，就能拥有绝对优势，一定能够成为独一无二的企业。

六、强大的制造

对照制造六个阶段的水平，掌握本公司实力。

掌握本公司的制造实力非常重要。这不是与去年相比是否有所提高，或者与同行第一相比所处的相对性位置，而是必须掌握的绝对性标准。

像地震的震级、武士道的段位一样，制造也有标准。制造有六个阶段水平，对照标准就可以马上知道本公司的实力。水平一是创造"工序内的流程"，水平二是创造"工序间的流程"，水平三是创造"工厂内的流程"，水平四是创造"工厂间的流程"，水平五是创造"通往客户的流程"。

最高水平六是达到"一气贯通"，公司具有实力能够团结一致制造出世上还没有的产品。公司不能只满足于单元生产的程度，组装程度的单元生产只不过是达到了水平一。

设计改善优于现场改善一百倍。

现场改善固然重要，但更重要的是设计改善。

在生产某种产品过程中，当出现个别零部件安装困难导致生产速度迟缓时，肯定是由现场的员工们共同出谋划策来进行改善。

但是，如果通过更改设计，使安装困难的零部件易于安装，或者清除这个零部件的话，制造就会明显容易得多。

设计者要尽量减少零部件的数量，而且设计者要亲临现场验证组装。因为作业员要长年反复生产、安装不需要的零部件的话，其损失是不可估量的。现场改善是对问题的对症治疗，设计改善才是根治疗法。

[亟待改善要点 66] 根据订单类别进行生产的观点

商品制造不是按产品类别，而是按客户类别。

世上面向一个一个的客户进行制造的企业几乎没有。看一下制造工序或流水线就会一目了然。

无论是零部件还是完成品，有公司、客户购买才会制造。如果在没有订单的情况下继续生产，会导致不良品库存堆积、公司倒闭。如果回归到有订单才生产这个原点，自然就会明白制造不是按产品类别，而是按顾客类别。

例如，寿司店厨师的制造是按照顾客的点餐来攥饭团的。汽车行业也是，车型、颜色，选择多种多样，但是每个订单都采取流水生产、交付新车。

这不是规模大小的体现，而是制造强弱的体现。如果能生产出包含三万件零部件的汽车，就没有理由不相信生产不出来其他产品。

[亟待改善要点 67] 对库存的观点

理想的库存量是零。

很多工厂对"库存管理"煞费苦心。但是无论怎样管理，都是绝对不会提高收益的。

库存的理想持有量是零。收到订单后，在交货期内生产、发货是最理想的。

当然，现实当中因各种情况必须持有少量库存。但是，一旦认为这是"没有办法的"，库存量将会膨胀。对库存的正确理解是"以零为目标，持续减少"。

要想真正减少库存，需要发动全公司的综合力量。要改变从设计到销售方式、订单的接收方式、信息的传播方式、材料的购买方式等方面，精炼工序转换，缩小批量，减少搬运。最终使资金得以流转，收益上升。库存是一个顽疾，不是管理它，而是削减它。

比起提高生产速度，更需提高工序转换速度。

廉价大量制造同种产品时，提高生产速度是非常有效的。但是，如果少量生产多种类产品，提高工序转换速度是关键。

能否将一小时一百人生产五百件产品，提高到一百人生产五百二十件产品，或者九十五人生产五百件产品，大家都在缩减工时上费尽脑汁。而另一方面，即使费尽辛苦将工序转换时间从现在的十分钟提高到九分钟，却被轻蔑地认为"仅仅缩短了一分钟"。

但是，如果将工序转换时间缩短百分之十的话，工序转换次数就会增加百分之十，最终将使产品种类增多。少量生产还能够减少库存。以多品种少量生产为强项的日本制造，其胜负关键就在于工序转换。

[亟待改善要点 69] 工序转换的改善要点

工序转换中发现螺丝时，一定要引起重视，有改善余地！

拧紧之后不再松动，这是螺丝的优点。这在固定物件或组装产品上是必不可少的。但是螺丝在装、卸时必须转动无数次，而且需要用到工具，所以未必是最合适的。

有很多工厂使用螺丝将磨具固定到压力机上。但是，替换成其他模具时，有多少螺丝就要花费多少时间和人力。

所有的螺丝真的都是必需的吗？能不能缩减数量呢？多种螺丝能不能统一成一种呢？至少能不能使用不同的颜色以便于分辨呢？能不能使用夹具替换螺丝来固定两个物

件呢？要转换为减少操作时间的更加简单的方法。在工序转换中如果发现螺丝，一定要考虑怎样进行改善！

[亟待改善要点 70] 最合适的生产速度

在发货期限内，以最慢的速度来生产。

比起快速生产，慢慢地生产可使制造的生产率更为优良。

提高手工作业速度的话会增加不良品，提高机器操作速度的话会增加停止次数。如果整体提速，会增加工序间的连接难度，相应地产生库存、搬运及管理等问题。

只要是在发货期限内，就没有必要着急。一着急就会盲目增添人员。人员配备数以恰好赶得上发货期限的单元生产人数为宜，慢慢地生产。这样的话就能实现零浪费。

速度提高了的话，人将成为机器的监视者。速度慢的话，人和机器能够一起工作。有的人会认为"机器昂贵，必须提高它的速度"。但在生产量一定的情况下，提早完成最终会导致不必要的库存产生。

存在不会马上用到的物品的话，要考虑购买方法是否有问题；存在不会马上被移动的中间品的话，要考虑生产方式是否有问题。

在大事故发生后，现场验证中的很多分析结果是"早有预兆，但谁都没有正确认识到、放任不管，最终导致事故发生"。

可以说公司也是一样的。全公司性的问题在现场肯定有所体现。但很多时候负责人并没有意识到问题的存在。

例如，为了使零部件充盈，采购负责人对提前大量购买并没有罪恶感。生产管理员同样也想多生产。很多时候，他们虽毫无恶意，但却使全公司性的问题更加恶化。

如果在生产现场有不会马上用到的物品，说明购买方式有问题；如果有不会马上被移动的中间品，说明生产方式有问题。如果在萌芽时期，没能及早在现场、实物中发现并加以改善，将酿成无可挽回的后果。

在物件管理中发挥人眼和电脑相辅相成的作用。

在发展强大制造的时候，仓库的利用水平变得尤为重要。仓库不仅是物品的保管场所，它还是支撑从原料、零部件加工，到产品形成，再到发货流程的根据地。因此，如果仓库被货物堆积、存取混乱、物品存放位置不明的话，制造根本无法做大。

想规定好放置的场所，目录是能够让人一目了然的最基本的系统。再加上备份的数据系统的话将是万全之举。

就是将"什么地方有什么物品，有多少"进行数据化。即使是在空地上放置物品，用电脑条形码管理，也能够提升几倍的利用率。先进的流通业、自动仓库并不需要很高的投入。想法的改变能够使仓库管理焕然一新，制造能力也能够得到提高。

要保有库存的话，最好接近原材料。

在寿司店里，厨师依照顾客点单提供攥寿司、生鱼片等。

厨师并非在顾客点餐之后，急忙做米饭或换衣服去河边鱼市买鱼，也不是从冰箱里拿出提前做好的寿司。这是一种非常厉害的制造，顾客点餐之后，加工材料并在刚好的时间上菜。

在库存的保有方式上也需要下大力气。将生鱼切成长条存放，这样可以马上加工。只需要变换刀切方式，就能做成生鱼片或攥成寿司。即使卖不完，也能够用于第二天午饭时的什锦寿司。米饭大量煮好的话，剩下的部分新鲜度会降低，因此需要频繁适量地一点点地做。

一方面，交货不让顾客等待；另一方面，中间库存的保有状态要尽可能接近材料，这样制造方可强大。

制造在附加价值产生瞬间之外，是搬运或停滞。

工厂会生产大量的产品，但附加价值产生的一瞬间之外是移动、搬运、停滞。比如制造钢笔，附加价值产生的瞬间就是听到笔帽扣上时"咔嚓"一声的瞬间。

零部件或中间品多的话要特别引起注意。即使自己觉得是在生产，但有可能极少的工作时间是在产生附加价值，大量的时间被分配到移动物品或等待上。

如果一箱装有二十个零部件的话，除了被使用的一个，剩余的十九个肯定处于滞留状态中，停滞蔓延到所有工序内。如果能形成一个可以一个一个地生产产品的流水

线的话，滞留会集中于材料和完成品。这种状态被称为
"流动"状态。"实现流动"是解决制造问题的好方法。

提高生产率与削减库存同时进行的话，成本必会降低。

在思考如何降低成本的时候，不能仅奔波于"靠提高速度来提高工作效率"。因为生产率也需要同时被提高。

有很多工厂简单地认为生产率的提高就是生产速度的提高，认为只要速度提高了成本就会下降。但是，无论速度有多快，库存量增加的话，搬运、管理的成本也会增加。即使很快地结束了工作，如果后面没有工作的话，也只会无事可做，最终成本也无法下降。

生产率的提高，不是瞬间速度的提高，必须考虑包含搬运、管理在内的总体效率的提高，否则将没有意义。可以慢慢地来，用最少的工序生产出可以卖掉的数量，追求

"不停止的流动"。

降低成本的真正解决办法在于同时提高生产率和削减库存量，虽然这两者常被认为是无法同时存在的。

质疑物品的流动方式。

　　在考虑提高生产率或提高效率时，改善通常是在保持人、设备现有状态的前提下进行的。但是，改变一下物体的流动方式，有可能会引起极大的改善。所以最好质疑一下前提。

　　例如，在某个汽车生产厂家，将汽车在生产线上的流动方向由纵向改为横向后，生产线缩短了三分之一。作业员的移动距离也缩短了，还能够同时安装车前和车后的零部件，生产率得到了很大提高。进而工厂的建设费缩减了百分之四十。

　　诸如此类事情，只要认真考虑一下就会发现现在的方法未必是最好的。上下反转、左右逆转、纵横倒置的话会怎样呢？即使是发货时的装箱方式，现在的数量、方向真的是最好的吗？全体员工要共同出谋划策寻找能够缩短流水线、极大改善工作的可能性。

信息虽各种各样，但如果追根溯源，其实只有"订购信息"一种。

工厂中每天都传播着大量的信息。生产计划、作业员的工作分配、工序转换计划、配送计划等，确实有各种各样的信息。但是，信息虽各种各样，但如果追根溯源，其实只有"订购信息"一种。

其他所有信息都是从订购信息派生而来的，为方便工作，将信息进行了细化。但很多人的参与使一切变得复杂，减缓了工作速度。相反，以订购信息为中心，尽可能地简化信息传播，不但会提高速度，还会减少错误。

如果订购信息能从营业部门直接传达给生产现场、采购及配送部门，确实会简便很多。这是因为将订购信息直接传达给生产现场，即使不制订生产计划，商品也能够制造出来。

不要提前备齐必要物品，在必要的时候备齐。

无论是食品制造还是机械制造，在制造当中准备好多种材料、零部件，每个工序再实施加工、组装等操作。材料未备齐的话操作无法进行，所以作业员、物资负责人会对必要物品是否齐备，是否保有库存特别关注。

但是，假设制造总共需要五十种物品的话，不会出现五十种同时需要的情况。最重要的是必要物品在必需时留有必需的量。提前备好需要的物品不仅占用空间成为障碍，还需提前支付。

假设仓库只是现在的五分之一大小的话，想法会改变。有很多工厂将必需物品列成清单进行确认。如果再往前迈一步，能够根据时间轴"在必需的时候备齐"的话，制造将变得强大。

多品种变量生产时，人和设备都要实现多能工化。

大量持续制造同种产品时，每个工序中都摆放着专用机器，作业员只需重复相同操作就会提高效率。但是，进行多品种变量生产时，需要制订"变幻自在的体制"，让人和设备能够最大限度地随机应变，否则无法应对。

经常列举的例子。寿司店厨师根据面前顾客的点餐，用一把刀切分生鱼，做成寿司、生鱼片或什锦寿司等，不让顾客等待，把食物端上餐桌。即使是大的寿司店，厨师也不会专门只切生鱼片，也不会使用专门机器把鱼切成三片。顾客较多的餐桌，其他厨师过来帮忙就能马上进行应对。

　　一个设备能否进行几种工序？如果制造不再使用专门的机器或人，而是实现"多能工化"，会做各种各样的事情，制造会变得更强大。

监督者监督工作流程，工厂长监督制造流程，社长监督赚钱流程。

现场监督者的工作是监督操作流程，制造出好产品。教授不熟练的作业员如何操作，支援帮忙解决滞留等，让工作流畅进行是他的工作。

工厂长的工作是在必要时备齐必要材料，使生产安全、有效，按照计划、发货要求进行，总揽全局地检查指示，让制造流畅进行是他的工作。

经营者的工作是监督收益流程是否运行，确保公司所有员工各司其职，提高公司收益。他的工作是掌握公司全局、决定制造方向，提高水准、争取订单，使工厂获得收益。

逐级听从上级指示工作的话，制造必定会做强。

[亟待改善要点 81] 通过改善现场创造空间的意义

通过改善现场为开展新事业创造必要空间。

开展新事业时，安装新设备、新生产线需要"新空间"。而很多经营者不愿在空间上投资，选择了放弃。

多年的工作经验告诉我们，无论是哪个工厂都可以"通过改善创造出空间来"。扔掉不需要的东西，缩短生产线，改善设计、工序，减少库存量等都是方法。在创造出来的空间中开始新事业的话，空间的经费是零。而且作业员的头脑灵活又提高了成功率。

如果每年的销售额不断上涨、资金有盈余则另当别论。若非如此，全公司上下要不断思考如何提高生产效率，削除公司内最无法获得收益的废品，为开展新事业创造出必需的空间、力量。

通过改善所创造出的空间会成为发展新事业的潜力。

东西扔掉，智慧萌生。创造空间，想法萌生。

摆满物品的工厂，总的来说业绩都很差。因为它减少了生产所必需的空间，使工作效率恶化。本来，不用的东西就意味着资金转化成物品后"睡大觉"。

将不用的物品彻底扔掉，不留放置的场所。没有放置的场所的话，会考虑之后再购买，浪费采购也消失了。这还提高了清洁性，使清洁变得更为轻松。物资和工具不用特意寻找也能马上找到。

并且，整理整顿，扔掉不需要的东西也能空出空间来。亲眼看着空出来的宽敞空间，想法自然会萌生出来。

可以将因空间不足而外购的产品内制化，可以挑战因没有空间而放弃的新事业。企业如果能发现扔掉废品的好处，业绩必定会提升。

七、将来的制造经营

将杂货生产交付新兴国家和大企业。

以前大多日本制造业追求的是"快速廉价地制造优良产品"。在模拟产品生产时，日本引以为豪的"研磨"是不可或缺的，模仿起来非常困难。因此速度和廉价成为日本的优势。可是，时代在不断变化。

如今，模具通过数据也能够输送到地球另一侧。数据使很多产品不再需要研磨，它推动了"杂货化"的发展，只要有机器谁都能制造。看一下家电市场就会明白，新兴国家的企业一发现可以畅销，便会马上模仿并加到生产中来。

与地租和人工费都很便宜的新兴国家在价格上进行抗

衡是不可能获胜的。研磨所必需的"紧跟客户、满足顾客需求、谨慎制造"依然是现在所必需的。无论哪个时代，人类的需求是最鲜活的导向。

要从制造产品向制造魅力转换。

日本产品席卷世界的时候，"Made In Japan"是性能良好、不易损坏、品质优良的代名词。

那个时候产品的"功能性"受到好评，产品也很畅销。但是只是功能性这一水平的话，世界任何地方都能实现，现在这已成为理所当然。最典型的代表是因供给过剩导致价格不断下降的数字化产品。新兴国家生产的产品已经和日本制造没有多大区别。以产品的功能性相竞争的同时，日本制造被强行拉进了世界范围内的价格竞争中。

中小制造企业应该转换到制造的下一个阶段，超越规范和功能，因具有吸引力而被青睐。即使规模很小，只要树立起品牌来，产品也会因充满吸引力而畅销于市。

[亟待改善要点 85] 承包想法的未来

不要企图接收正销售着的产品的订单，要举全公司之力制造畅销的产品。

　　承包想法根深蒂固的中小企业，会想尽办法接收正销售着的产品订单。制造的是模仿产品，当然会被杀价购买。

　　即便如此，市场整体变大的时候，虽然廉价，但只要数量大也可以赚钱。但将来社会不断成熟，市场缩减，量也会缩小。而且新兴国家的廉价制造势力也会大量涌入日本，如果在价格竞争中没有自信，单凭承包方式，经营是无法维持下去的。

　　经营领导应该起到模范带头作用，营业、生产、开发、购买等所有员工都要有"制造畅销产品"的强烈意识，举全公司之力销售自己制造的产品。以成为"制造自己独特产品的制造商"为目标，即使规模小点儿，也能够成为赚钱的强大企业。

[亟待改善要点 86]QCD 的意义和界限

要跨越 QCD，满足顾客需求。

QCD（品质、成本、交货日期）作为制造的关键词被大家所熟知，为提高日本制造业的实力也做出了很大贡献。但是，必须注意到这里的关注点是制造本身，是以大量生产为前提的产品导向生产这样比较含蓄的想法。

毫无疑问，品质、成本、交货日期都非常重要。可是，对于不想要或不需要的东西，顾客不会对品质有所要求。而且，如果卖不出去，就无关乎交货日期。应该注意的是以市场的观点，还是以顾客需求的观点。自己买东西时，常常会以完全不同的观点或感情在考虑是否购买。

将来在开展市场导向的制造时，倒不如忘记品质、成本、交货日期，专心致志地满足顾客需求。

将制造体制从棒球模式转换为排球模式。

　　在大量生产的时代，明确分工将提高工作效率。因为一旦生产线开始运行，短时间内是不会更改的。所以集合对各个操作熟知的人，既容易提高生产速度及产品质量，也容易进行培训。如果用体育项目举例的话，接近于"棒球"模式。虽是团体合作，但每个位置都安排有专家。

　　但是，在多品种"变量"生产的时代，作业员们如果头脑不灵活，就无法随机应变，也无法应对订单。它所需要的是"排球"模式。基本上全体员工能够覆盖到所有的位置，按照情况、互相合作。全员通过观察球网，对对方的举动做出反应。这是对目标的共有化和多能工化的完美演绎。

接下来可能到来的是像足球一样，与敌方进行直接激
烈碰撞的制造世界。

生产销售鲜花时，只靠廉价大量生产不是办法。

　　将制造比喻成花会很有趣。在生产销售鲜花时，有的人认为只要便宜就能畅销，而采用大量生产的方式进行生产。

　　有的人则认为培育珍贵的花，能以更高的价格卖出；也有的人认为开发出产品之前没有的新品种，能够赚钱。可是这样需要强大的技术能力或大量资金。所以很多人采用提高生产率、降低成本的"一百枝批量销售"。

　　有些事情在制造时会被忽略。即使仅仅是一束花，干干净净地收拾好、打上丝带的话，就变成了心意满满的手工制品。虽然开发出来的新品种仅仅是一束，花店也可以遍布全国。

之前的顾客可能是流通运输者，但要思考一下真正使用的直接顾客，就不会以功能品质，而将以魅力品质为重。

设计是品质的体现。

日本的中小制造企业在提高生产率、钻研技术能力方面非常下功夫，但很多时候不热衷于宣传商品。这一点比较一下设计就会马上明白。

对购买的人来说，设计也是良好品质的一部分。无论性能有多好，如果形式陈旧的话，它的性能也会被质疑。新产品如果形式与旧产品基本一样，其性能也会被认为没有改变。这也是人之常情。

也有的人说我们是生产零部件的，我们是加工企业等。可以将零部件的颜色、形状设计得不同于其他公司，可以将交货时的箱子更换为崭新的，等等，吸引人的地方有很多。无论是生产资料还是设备，世界一流产品必定设计得非常漂亮。

[亟待改善要点 90] 工作装的作用

更换为与众不同的工作装。

现在很多中小企业工厂的工作装是深灰色的。工作装之所以是深灰色，是因为有污渍也不会太明显。但仔细想一下它所表达的意思其实是：脏了也没关系。

虽然这在食品加工厂或医药品加工厂是无法想象的，但因为没有参观者而不被别人看到也是原因之一。也有人说"我们家是机器加工"，但工厂越是以高品质或品牌为卖点，越要穿着能够展现这一点的漂亮工作服。实际上，法拉利赛车工厂中，F1 的修理工们在工作时都穿着风度翩翩的帅气工作装。工作装也是品质的一部分。

工作装可以不用太贵。只要从外观上能够展现出诸如品质等与其他公司的不同之处，大家自然就会提高意识，产品的质量也会上升。

中小生产商要将工厂建设在城市。

之前，工厂因需要大面积的廉价土地，不断从城市转移到乡村。因为要想快速地制造出廉价优良的产品，能够放置大型设备的空间及廉价的成本非常重要。进一步延伸，为追求更加廉价的土地及人工费，以大企业为中心集中向海外转移工厂。

可是，中小企业如果是多品种变量生产，情况则不同。首先，在乡村市场信息无法渗入进去。包括顾客需要什么，将来什么样的东西畅销等感知事项，如果工厂不在人口聚集的城市，只会变成信息迟钝的承包工。

如果能实现多能工化，以最少的人和机器，慢慢地准时生产出顾客需要的产品来，地方小点儿也没关系。要发现并利用好立足城市的优势，改变本公司的制造。

[亟待改善要点 92] 新的分工方式

不要将分工用于大量生产，要将其用于专家水准的量产上。

之前，分工生产作为提高速度、增加产量的方法，取得了较大的成果。但是，在市场细分、缩小的环境下，其优势得不到发挥，可以说日本国内的生产正不断向单元生产方式转移。

但是，考虑到将来中小企业要追求"生产市场密集的高附加值商品"，只靠单元生产是不行的。必须创造出新水平的分工生产，与单元生产进行合作，构建出新的日本制造。

新的分工生产不是为量而是为质。将专家最高水平制造的一系列操作分解成十个工序，每个工序的每个人记住一个工序，开展稳定生产。依靠的不是一位厉害的专家，这也能够防止技术外流，还能够量化生产出专家水平的高质量产品。

[亟待改善要点 93] 技术人员的商品开发方法

制造新产品至少要达到十倍或十分之一的一位数差别。

新产品必须抓住顾客需求，否则绝对不会受欢迎。因此生产部门靠自吹自擂是卖不出去产品的。可是有一个强劲的商品开发方法，是市场调查和经营部门绝对做不到的。

那就是不断磨炼技术，将现在的产品规格提升到一位数的差别水平，比如至少是十倍或十分之一，实现与其他公司产品之间的绝对性差别。

大小、重量、厚度、速度、质量、发货周期、均一性等，管理的项目应该很多。也有食品工厂的例子，将发货周期仅缩短了百分之十，却因产品接触不到空气，不会产生杂菌，以至与其他公司相比在卫生检查方面具有显著性优势，而独占市场。

数字位数的变化，可能导致产品生产程度发生变化。

[亟待改善要点 94]5S 中的素养是什么

不是培养人，是培养企业。

很多工厂在厉行"整理、整顿、清扫、清洁、素养" 5S。当然这是好事，可是有一点很重要，公司经营当中的素养不是对个人，必须首先对企业进行执行。

不针对企业的理念、方针进行教育的话，无论员工怎么执行 5S，也只是徒有其形。如果有多次发生事故、出现各种伦理问题、违反法律等问题的话，表明企业没有被教育好。把这看作是人的素养有问题是错误的。

贯彻执行 5S 是制造业基本中的基本。5S 当中的素养是对企业而言，企业被教育好是前提条件。最终 5S 表现的将是商品和员工的品质。

将工厂建造成能够让人看到制造的"展示厅"。

将工厂建造为"展示厅"的好处非常多。就像只要知道家里有客人来，谁都会把家打扫、收拾干净一样，参观者若来，也会提前整理器具、设备，将工厂打扫得干净利索。

而且，主人碰到客人时会情不自禁地笑脸相迎打招呼。觉得自己被注视着，会以专业意识工作，努力做出最高水平。工作服如果性能又好又漂亮的话效果更佳。员工自然会因此变得活泼充满活力。

不要让工厂成为仅是制造产品的地方，而要把它变成展示厅，让顾客一看就被吸引住并成为我们的粉丝。不用一一介绍公司的优势，客户也能一目了然，订单自然也会增加。

[亟待改善要点 96] 增加附加价值的方法

机器制造产品，人的双手创造价值。

很多工厂为提高生产率、提升技术能力，而增强设备、实施改善。被改造的设备成为强大制造的支柱，必定会成为拉大差距的强大武器。可是，无论设备有多高级，机器制造的也只能是产品。只要是产品就不可能从价格竞争中摆脱出来。因为人要求"机器制造的东西"价格便宜、性能良好。

如果想超越产品范围，将价值作为卖点提升品牌，就要投入"专家技能"或"功夫"。销售产品获得利润的只有那些靠大量生产、大量销售竞争的大型企业。中小企业为能通过附加价值获胜，必须思考在什么地方添加人的手工操作。

将工厂做小，发掘新的赚钱商机。

中小企业的发展方向，以面包为例来解释比较容易理解。在小卖部或超市的店面里摆放着很多面包，但大多数是大型企业的产品。在生产率较高的大型工厂中制造出来，用货车搬运过来的大量生产品。价格很便宜，竞争也很激烈。

为与这样的大型企业相抗衡，中小企业即使引进生产率稍高的设备，进行操作培训，获胜的可能性也很小。可是，如果在百货商店内开办烤面包店（店内工作室）的话情况就大为不同，这是多品种少量生产。在店里烤制出美味的面包，将面包一点点摆放出来。价格稍微高一点也很畅销，并且还能亲耳听到顾客的评价，这有助于制作、改进新产品。

中小企业将来转型为小型企业是关键。把工厂改小到能够摆货摊的商店，人和设备都实现多能工化的话，新的商机就会出现。

投资员工优于投资设备。

引进新的机器将会提高生产率，所以很多公司积极投资于设备。当然设备投资非常重要，用将要坏的机器操作的话，产品质量也令人担心。必须要有一个投资的判断标准。

设备在完全熟练使用，并具有修理能力之后才能发挥出它的效用。仅仅是运行层次的话，也只是部分性的生产速度提升，投资效果很低。设备不能熟练操作时就不要再更新设备，而应该优先考虑对员工进行投资。

本来员工就是最宝贵的资产。运转设备，提高设备性能的都是员工。他们能够生产出新的产品，也能够创造出高销量。

对公司员工投资时虽然必须投入培训时间，但它是一种零风险高回报的最好投资。

以幸福、舒适为中心进行评价。

评价工作的方法虽多种多样，但以生产率或品质为基准的结果指标占绝大多数。当然一边看着这样的指标一边进行改善，提高竞争力是必须的。但是这是管理性质的。

管理对于提高生产率、维持品质是有效的，但对于人有局限性。人和机器不同，有意志和主动性。因此，需要有操作是否舒适、员工是否幸福这样的评价指标。要创设体制使每位员工获得工作任务，创造能够让每位员工奋斗的环境，并且表扬他们取得的成绩，帮助他们解决问题。

大家相互帮助、主动推进改善，公司自然会进步提高。在追求效率和追求幸福上，很多公司容易偏向前者。可是人为了自身幸福主动行动的时候，可以发挥出惊人的超强力量。

[亟待改善要点 100] 今后日本企业的 5S

今后日本制造业所必需的新 5S 是"整理、整顿、清扫、机制，幸福"。

产生于日本的"5S 活动"，不仅渗透到制造业，也渗透到服务业当中，作为员工的行为规范被大力提倡，取得了较大的成果。

5S 不仅使职场环境保持优美，而且员工职业道德也得到提高。它还使工作效率提高，不良品减少，安全性增加。作为支持"日本高品质制造"的原动力得到认可，并推广到海外工厂。

但事实上，5S 的内容是像大量生产产品一样大量生产高质量的员工。即它是员工排成一列、通过传送带制造的时代最为合适的标语。但日本迎来了要想与世界竞争，制造必须更上一个台阶的时代。

唯一（only one）制造企业中具备提高公司幸福感的机制。这就是"整理、整顿、清扫、机制、幸福"新 5S。

[亟待改善要点 101] 最强的制造

改善永无止境。

现在世界上首屈一指的制造企业也并非自以前就很强大。大多数企业在创业时期仅有几名员工，通过踏实的制造和不断的改善，努力地走到现在。

在我们周边确实有各种各样的产品，但很多东西甚至十年之前都未曾有。电话、汽车、方便面、铁路、水泥大厦在两百年前都没有。所有产品都是踏实努力制造的结果。

现在，即使是强大的企业，如果安于现状、懈怠努力的话，马上就会被竞争企业追赶上，甚至超越。

要想培育出之前没有的技术，生产出大家喜爱的产品，日复一日地不断改善才是制造企业的使命。世界在不断变化，所以制造也没有止境。

制造用语和解释

承包 直接从顾客或交易方那里接受工作订单的称为"总承包人",从总承包人那里调转工作的称为"承包"。制造业当中,多指从制造完成品的企业那里承担制造有规定做法的零部件或加工品的公司。

工序 开展工作、操作时被细分的顺序或单位。表示制造当中的一个一个的操作阶段,现在的工序之前的称为前工序,之后的称为后工序。

生产率 表示制造当中效率的优良、快速、少浪费等。生产率良好一般表示制造的强大程度。

附加价值 指的是集聚原有价值的产品,在本来价值之上出售时所承载的利润,表示附加性的价值。可以认为是毛利润,若性能、功能、设计、形象等较好,即使价格高也能够售出,因此这样的产品被称为高附加值的产品。业界一流企业的产品或品牌产品等是代表性例子。

工序、工序转换 生产的物品种类或工序内容有变化时，所产生的诸如替换安装在设备上的钻头或工具，更换零部件、材料等的操作。若工序转换快速，相应地就能够制造出更多种类的产品。所以它是实现多品种少量生产非常重要的工作。

等待的浪费 因各工序的作业速度有所差异，所出现的无法操作、等待的状态。使各个工序的生产、加工速度同步非常重要。

生产周期 主要是生产现场中，从工序开始到完成产品所需花费的时间。

自动化 丰田生产方式的用词，也被称为"带单人旁的自动化"的造词。它指为了防止生产出不良品，对过度制造、过度加工、不良品加工等不良情况，具有"自动停止"功能的停止系统。

准时生产 是丰田生产方式的代表性要素之一，"必要的物品在必要的时间以必要的量制造"的观点和机制。

多品种少量生产 不是以往相同产品大量生产的生产方

式，它是一种随机应变的生产方式，是一点点地按照订单生产各种各样的产品。为了不仅可以应对小批量，还能自由地应对大订单生产，必须进一步改进生产方式，有时与多品种"变量"生产相区分。

盘货 为做统计，清点仓库中的零部件、产品的库存量，与账簿数量对照确认的工作。理论上数量应该一致，但实际上很多时候不一致。制造越强的工厂，越接近正确值。

乌合之众，"乌合" 乌鸦团体的意思，乌鸦聚集在一起也只是叽叽喳喳，没有统一性。因此它表示没有规则、统治，仅聚集在一起的群众或是没有任何作用的人的集合。

人海战术，"人海" 很多人聚集在一起的意思，以数量优势攻破敌军的战略方法。被比喻成不使用机器、工具、系统、智慧等，单纯依靠人手解决的方法。

索赔 表达抱怨意思的日式英语。在英语中仅表示"要求"或主张这一要求的正当性权利。在日语中一般被用作表示产品或服务有问题，"来自顾客的抱怨"的意思。

多能工、多能工化 一人具有操作多种工序或不同工作能力的作业者。只会一个固定操作的作业者称为单能工。为了进行多品种少量生产、变量生产，培养能够随机应变地进行制造的多能工非常重要。

数据库、数据库化 主要是指用电脑整理必要信息，使其在任何时候都可以使用的状态。在工厂中指公司内外的必需信息，它包括产品信息、规格、功能一览、材料信息、说明一览、必要的零部件一览、库存信息、交易方信息等。进行了数据库化，推进工作时谁都能够对过去的做法进行确认，还能够随时确认库存量，减少购买浪费等，能够提高制造水平。

通用机 它与只能进行一种操作的特制专用机器不同，是一种通过交换零部件或配件完成各种操作的应用性机器。

调准 对机器、系统的一部分进行交换、加工，完成以前无法完成的工作，优化性能。如果不具备机器相关知识或设备技术是无法实现的，因此需要一定程度的先进技术。可以不花成本创造出原创设备，以提高制造的水平。

唯一 没有其他相似之物。不是模仿，具有独创性。靠制造与其他公司产品没有竞争的原创产品来一争高低的战略。

内制化 在公司内制造。可以在公司内完成之前外购的高度加工品等。很多制造强大的企业，正在将包括最重要的成为核心技术的工序进行内制化。

一气贯通 麻将当中凑齐数字 1 ~ 9 和牌的一种。被转化为"从素材到产品""从设计到制造""从开始到最后"等意思来使用。

单元生产 操作不分工，将操作间布局成 U 字形或 コ 字形，由一个或几个作业员完成产品的生产方式。因为是一个一个制造产品，所以是能够完成多品种少量生产的强大、准时生产。而且还有减少半成品及库存的优势。

备份 为防事故或故障等不测，在事前准备好复原用的机器或复制数据。强大的企业会事先准备好包括人员配置在内的工作指南。备份的有无、准备程度，会使复原时间有很大区别，因此在日常工作当中建议做好备份。

7 种浪费 丰田公司的大野耐一先生们基于战前美国汽车生产方式的研究及同公司丰田喜一郎先生们所提倡的观点，

将"丰田生产方式"系统化为以削减"7种浪费""准时生产""自动化"等为中心的方式，7种浪费是其支柱观点之一。丰田生产方式中将浪费定义为"未提高附加价值的各种现象或结果"。

5S 制造业或服务业中，以维持、改善职场环境为目标，提倡的代表性口号之一。一般认为它是来自日语中整理（Seiri）、整顿（Seiton）、清扫（Seisou）、清洁（Seiketsu）、素养（Shitsuke）5个事项的罗马字首字母S。各个公司在内容上也有少许差别，有的企业再加上"礼仪"构成6S。

自动仓库 将货物的存取操作自动化的仓库，也称作无人仓库。通过电脑控制来操纵升降机、传送带等自动搬运设备，不需要人在仓库内进行货物的存取操作。面积相同的仓库可以组装多层搁板使用，所以具有提高空间使用率，提高操作安全性，实现先入先出，机械化更省力等诸多优点。

OJT On-the-Job Training 的省略语。企业中所进行的教育培训方法之一。主要是指老员工在工作现场通过具体工作，就工作中所必需的知识、技术、技能、态度、想法等指导年轻员工的行动。

NC 机床（数控机床）Numeral control machine 的省略语。通过电脑数字信号来操纵加工相关信息的操作机器的总称。典型代表有通过电脑控制，切削高精度的复杂立体物体的车床加工机械等。

模拟产品 例如螺丝、齿轮等通过机器零部件组装生产的产品。与数字产品一词相反，被用作旧型产品的总称。高级的加工技术或制造的技巧是其优势。

数字产品 电脑、手机是代表性产品，由软件控制操作的电器产品的总称。如果新兴企业能够关注软件的精良、兼容、包装，组装好配件、组合的话，也能够制造出先进的产品。

研磨 在完成机械零部件的时候，对零部件的表面或组装进行微调，精密完成的操作。对模拟产品来说，研磨的技巧和技术是很大的优势。

过账操作 将文章或数值从底本输入到电脑转抄的操作。

规格 在英语中是说明书的意思，在日本一般被用作商品目录等所表示的数字，工业产品所期待的性能或所约定的性能。

产品导向 企业按照自己公司的想法开发产品，按照自己公司的销售、生产计划投入市场。

市场导向 调查消费者的需求，形成产品投入市场，基于这种"顾客是根源"的观点进行产品的开发、销售。

生产资料 原材料、零部件、加工材料、设备物品等，主要是在工厂生产时所使用的产品。也被称为产业资料。与此相反，一般面向消费者的食品、家电、杂货等产品称为消费资料。

零风险高回报 风险＝危险性、回报＝投资效果。没有危险性、投资效果大的意思。常见的还有低风险低回报及高风险高回报（小额投资小额回报，大额投资大额回报）。

译后感

　　日本制造闻名于世。小到剪指刀、牙膏、牙刷，大到汽车、机器、机械，日本制造俨然成为高品质的代名词。有学者通过研究认为日本制造之所以如此强大，得益于日本的职人精神、生产组织方式及经营理念。创造日本制造奇迹的丰田生产方式成为生产管理的标杆，它不仅闻名于日本，甚至被亚洲、欧美企业所学习，在全世界产生了深远的影响。丰田生产方式的创立者大野耐一先生曾指出丰田生产方式的精髓在于改善（Improvement），从局部到整体永远存在着改进与提高的余地，在工作、操作方法、质量、生产结构和管理方式上要不断改进与提高。

　　柿内幸夫先生二十余载深入企业一线，创立了独特的

"KZ"改善方法。先生在柿内幸夫办公网站中就制造务必进行改善给出了四个原因。第一，世界是不断变化的。新事物必定替代旧事物，改善是实现企业经营、与世界同步变化的方式之一。第二，制造皆可改变。对个人来说可能一人无法完成或不能立刻完成，但只要按照计划一步一步地前进，改善能够改变一切。第三，培养人才。企业能否强大，取决于企业的工作人员是否强大。每个人即使仅做一件微小的事情，经过日积月累后也能有大的收获。第四，能够改变经营。虽不知世事如何变化，但如果通过改善来应对，企业肯定会强大。只要大家同心协力，即使是微小的改善，也能够不断壮大企业。

那么如何进行改善呢？柿内幸夫先生在本书中强调改善是从微小之处着手，依靠每位企业成员的力量。而微小之处体现在不放过地板上的一个小螺丝，注意物品的归置方式、员工清点数量的方式及员工的工作装颜色等。任何一点都有可能关系到产品质量、生产率及企业的盈利。所以改善无处不在。

在企业制造改善中，先生特别强调了人才的重要性，指出要想做大制造，必先培养人才。同时强调员工的精神状态对制造的影响，一个员工们充满活力、干劲儿满满的企业是不可能萧瑟的。在众多企业贯彻执行的 5S 标准中加入新的含义——幸福。员工的幸福感是员工在工作场所中的健康的心理状态，它是衡量员工生活状态的重要指标。调动起员工的工作积极性能够提高企业的劳动生产率，是构建和谐企业的重要内容。现代企业已经意识到只有尊重与关怀员工，提高员工的幸福感，员工才能够忠诚于企业、认同于企业，为企业创造价值，所以管理也逐渐从以利益为中心发展到以人为本。

在国际竞争中不仅是政治上的竞争、资源上的竞争，更重要的是能力的竞争。本书是东方出版社"双百工程"之一——日本"精益制造"系列的出版丛书之一，专门为中国制造业产业升级提供思想武器，以服务中国经济的转型升级。本书既包含制造的基础知识，又包含改善的参考方法；既适合于刚入职的年轻员工、兼职人员，又适合企业经营者、管理阶层。企业的每位成员都应参与到改善的大军中来，以主人公的意识做强、做大企业。

柳小花

河南城建学院

东方出版社助力中国制造业升级

定价：28.00 元

定价：32.00 元

定价：32.00 元

定价：32.00 元

定价：32.00 元

定价：32.00 元

定价：30.00 元

定价：30.00 元

定价：32.00 元

定价：28.00 元

定价: 28.00 元

定价: 36.00 元

定价: 30.00 元

定价: 32.00 元

定价: 32.00 元

定价: 32.00 元

定价: 38.00 元

定价: 26.00 元

定价: 36.00 元

定价: 22.00 元

定价: 32.00 元

定价: 36.00 元

定价: 36.00 元

定价: 36.00 元

定价: 38.00 元

定价: 28.00 元

定价: 38.00 元

定价: 36.00 元

定价: 38.00 元

定价: 36.00 元

定价：36.00 元

定价：46.00 元

定价：38.00 元

定价：42.00 元

定价：49.80 元

定价：38.00 元

定价：38.00 元

定价：38.00 元

定价：42.00 元

定价：52.00 元

定价：42.00 元

图书在版编目（CIP）数据

工厂改善的101个要点 / (日) 柿内幸夫 著；柳小花 译. — 北京：东方出版社，2017.3
（精益制造；041）
ISBN 978-7-5060-9534-1

Ⅰ.①工… Ⅱ.①柿…②柳… Ⅲ.①企业管理—生产管理 Ⅳ.①F273

中国版本图书馆CIP数据核字（2017）第049882号

Moukaru Maker kaizen no Kyusho(101Ko)
by Yukio Kakiuchi
Copyright © 2012 Yukio Kakiuchi
Simplified Chinese translation copyright ©2016 Oriental Press,
All rights reserved

Original Japanese language edition published by Japan Management Consultants Association.
Simplified Chinese translation rights arranged with Japan Management Consultants Association.
through Beijing Hanhe Culture Communication Co., Ltd.

本书中文简体字版权由北京汉和文化传播有限公司代理
中文简体字版专有权属东方出版社所有
著作权合同登记号 图字：01-2016-4275号

精益制造041：工厂改善的101个要点
（JINGYIZHIZAO 041:GONGCHANG GAISHAN DE 101GE YAODIAN）

作　　者：［日］柿内幸夫
译　　者：柳小花
责任编辑：崔雁行　高琛倩
出　　版：东方出版社
发　　行：人民东方出版传媒有限公司
地　　址：北京市东城区朝阳门内大街166号
邮政编码：100010
印　　刷：万卷书坊印刷（天津）有限公司
版　　次：2017年5月第1版
印　　次：2022年12月第4次印刷
开　　本：880毫米×1230毫米 1/32
印　　张：6.75
字　　数：91千字
书　　号：ISBN 978-7-5060-9534-1
定　　价：42.00元
发行电话：（010）85924663　85924644　85924641

版权所有，违者必究
如有印装质量问题，我社负责调换，请拨打电话：（010）85924602　85924603

亲爱的读者朋友们：

东方出版社秉承"新思想、新知识、新生活"的理念，致力于国内外优秀的经济、管理、文艺、少儿、生活、历史、学术、教育等人文社科类图书的出版，每年出版的图书品类达千余种。

为答谢读者朋友们长期以来的厚爱，特推出系列优惠馈赠图书活动。只要您通过微信关注"东方出版社"（微信公众号：dfcbs2011）并自付邮费，就有机会获取百本免费区或百本三折区里的任意一本图书。每月两次我们将从热心读者中抽取100名幸运朋友，更为优惠的活动信息详见微信公众号。

感谢您的支持，汲取知识与力量，我们将与您一路同行！

（活动具体信息及时间详见微信公众号）

若有任何咨询和疑问，敬请联系读者服务部：010－85924616